Impressum
Verlag: BABADADA GmbH, Nedderfeld 112 , 22529 Hamburg
Geschäftsführer / Verlagsleitung: Harald Hof
Druck: Books on Demand GmbH, In de Tarpen 42, 22848 Norderstedt

Imprint
Publisher: BABADADA GmbH, Nedderfeld 112 , 22529 Hamburg, Germany
Managing Director / Publishing direction: Harald Hof
Print: Books on Demand GmbH, In de Tarpen 42, 22848 Norderstedt, Germany

1

shkolla
kool

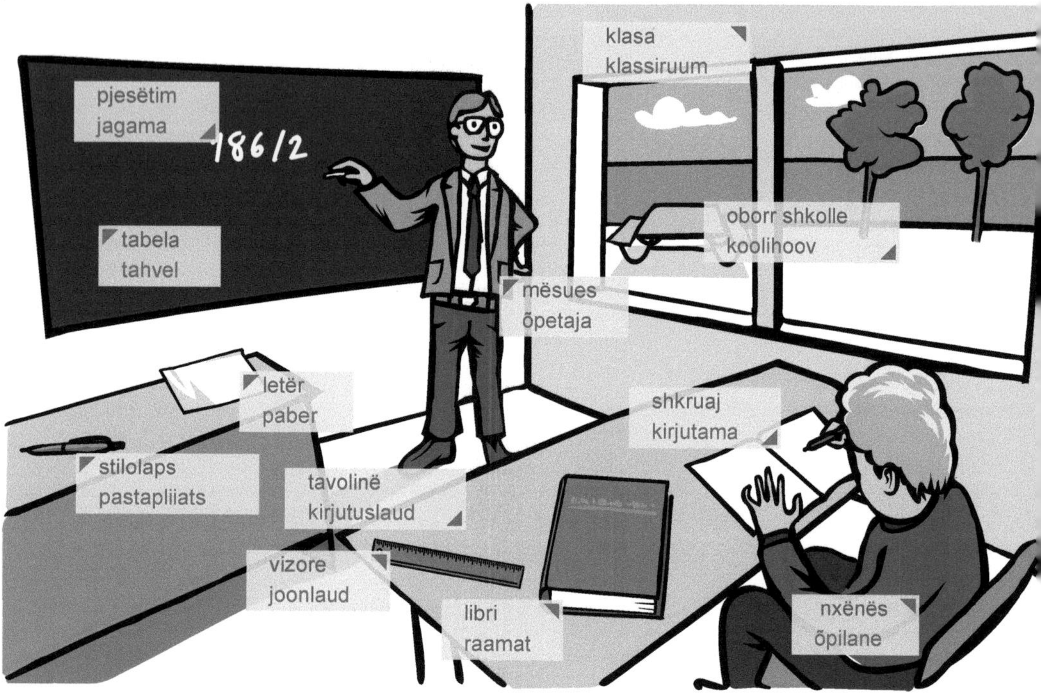
klasa
klassiruum
pjesëtim
jagama
186/2
tabela
tahvel
oborr shkolle
koolihoov
mësues
õpetaja
letër
paber
shkruaj
kirjutama
stilolaps
pastapliiats
tavolinë
kirjutuslaud
vizore
joonlaud
libri
raamat
nxënës
õpilane

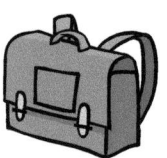

çantë

koolikott

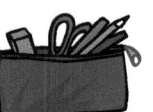

mbajtëse lapsash

pinal

laps

harilik pliiats

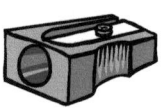

mprehës lapsash

pliiatsiteritaja

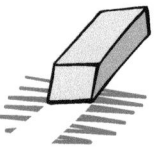

gomë

kustukumm

fletore vizatimi

joonistusplokk

vizatim

joonistus

penel

pintsel

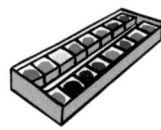

kuti bojërash

värvikarp

gërshërë

käärid

ngjitës

liim

fletore detyrash

töövihik

detyrë shtëpie

kodutöö

12

numër

number

2+2

mbledh

liitma

5-2

zbres

lahutama

2×2

shumëzoj

korrutama

llogaris

arvutama

A

gërmë

täht

ABCDEFG
HIJKLMN
OPQRSTU
VWXYZ

alfabeti

tähestik

fjalë

sõna

tekst

tekst

lexoj

lugema

shkumës

kriit

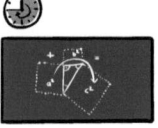

mësim

koolitund

regjistër

klassipäevik

provim

eksam

çertifikatë

tunnistus

uniformë shkolle

koolivorm

arsimim

haridus

enciklopedia

entsüklopeedia

universitet

ülikool

mikroskop

mikroskoop

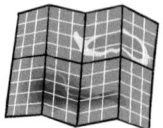

hartë

kaart

kosh letrash

paberikorv

udhëtim
reisimine

hotel
hotell
bujtinë
hostel
ROOMS
EXCHANGE
pikë këmbimi valutor
valuutavahetuspunkt
valixhe
kohver
makinë
auto

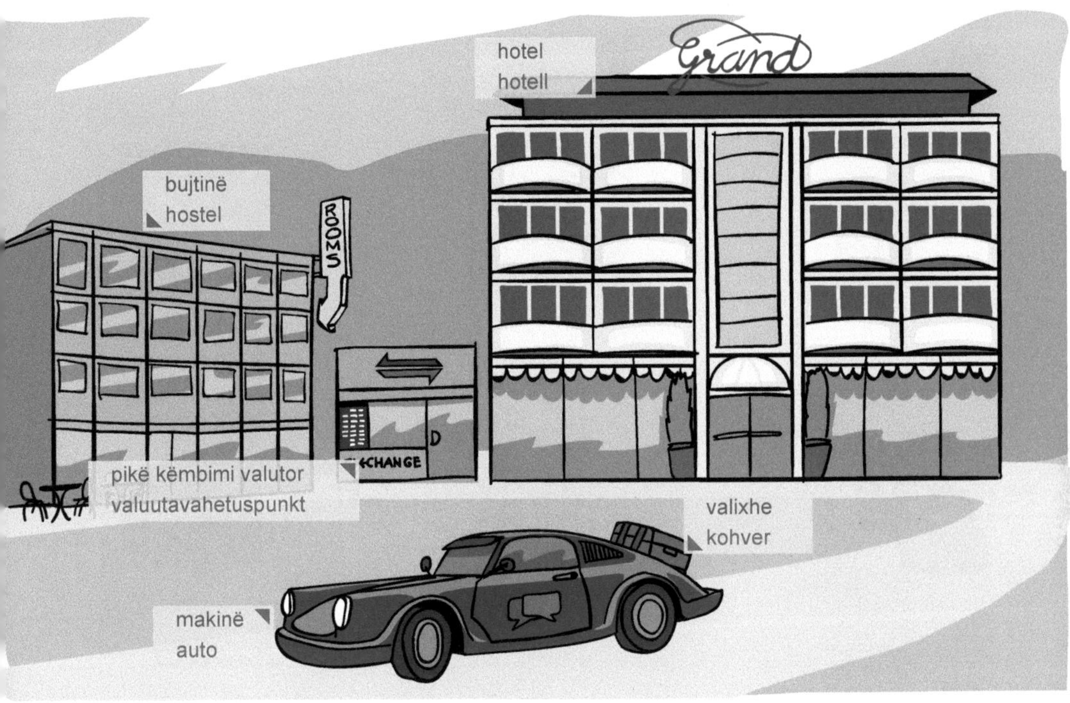

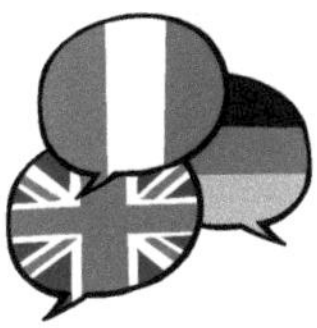

gjuhë

keel

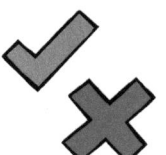

po / jo

jah / ei

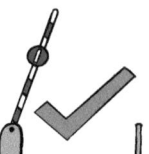

Në rregull

okei

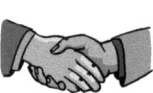

ç'kemi

Tere!

përkthyes

tõlk

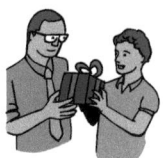

Faleminderit

Aitäh!

sa kushton…?

Kui palju maksab …?

nuk e kuptoj

Ma ei saa aru

problem

probleem

Mirëmbrëma!

Tere õhtust!

Mirëmëngjes!

Tere hommikust!

Natën e mirë!

Head ööd!

mirupafshim

Head aega!

drejtim

suund

bagazhet

pagas

çantë

kott

çantë shpine

seljakott

mysafir

külaline

dhomë

tuba

thes gjumi

magamiskott

tendë

telk

informacion për turistët

turismiinfo

plazh

rand

kartë krediti

krediitkaart

mëngjes

hommikusöök

drekë

lõunasöök

darkë

õhtusöök

Biletë

pilet

ashensor

lift

pulla

postmark

kufi

riigipiir

doganë

toll

ambasadë

saatkond

vizë

viisa

pasaportë

pass

transport
transport

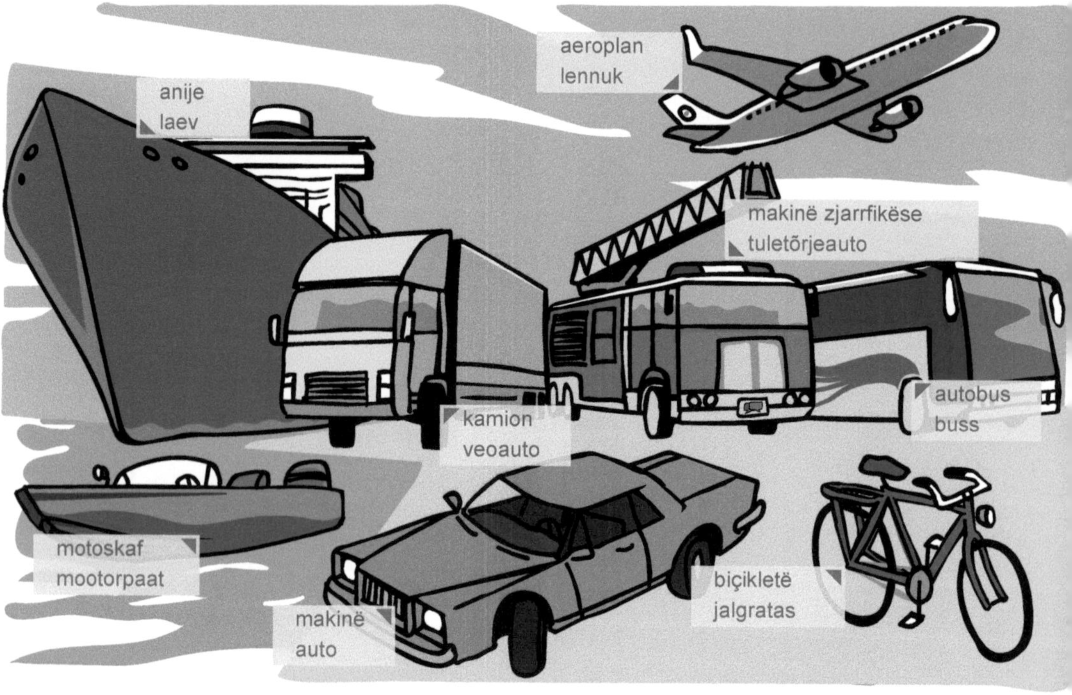
aeroplan
lennuk
anije
laev
makinë zjarrfikëse
tuletõrjeauto
autobus
buss
kamion
veoauto
motoskaf
mootorpaat
biçikletë
jalgratas
makinë
auto

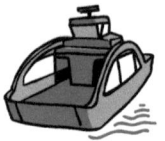

traget
praam

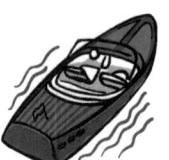

varkë
paat

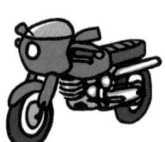

motoçikletë
mootorratas

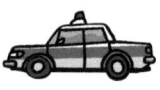

makinë policie
politseiauto

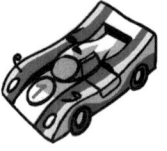

makinë garash
võidusõiduauto

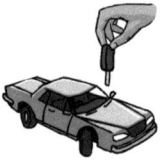

makinë me qira
rendiauto

ndarje e qirasë së makinës

ühisauto

karroatrec

puksiirauto

makinë plehrash

prügiauto

motor

mootor

benzinë

kütus

pikë karburanti

tankla

sinjalistikë trafiku

liiklusmärk

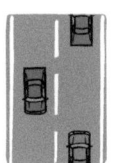

trafik

liiklus

bllokim trafiku

liiklusummik

parkim makinash

parkla

stacion treni

raudteejaam

trase

rööpad

tren

rong

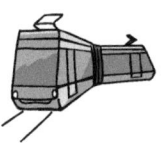

tramvaj

tramm

karro

vagun

helikopter

helikopter

aeroport

lennujaam

kullë

torn

pasagjer

reisija

kontenier

konteiner

kuti kartoni

pappkast

qerre

käru

shportë

korv

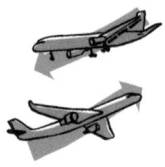

ngrihem / ulem

õhku tõusma / maanduma

qytet
linn

fshat

küla

qendra e qytetit

kesklinn

shtëpi

maja

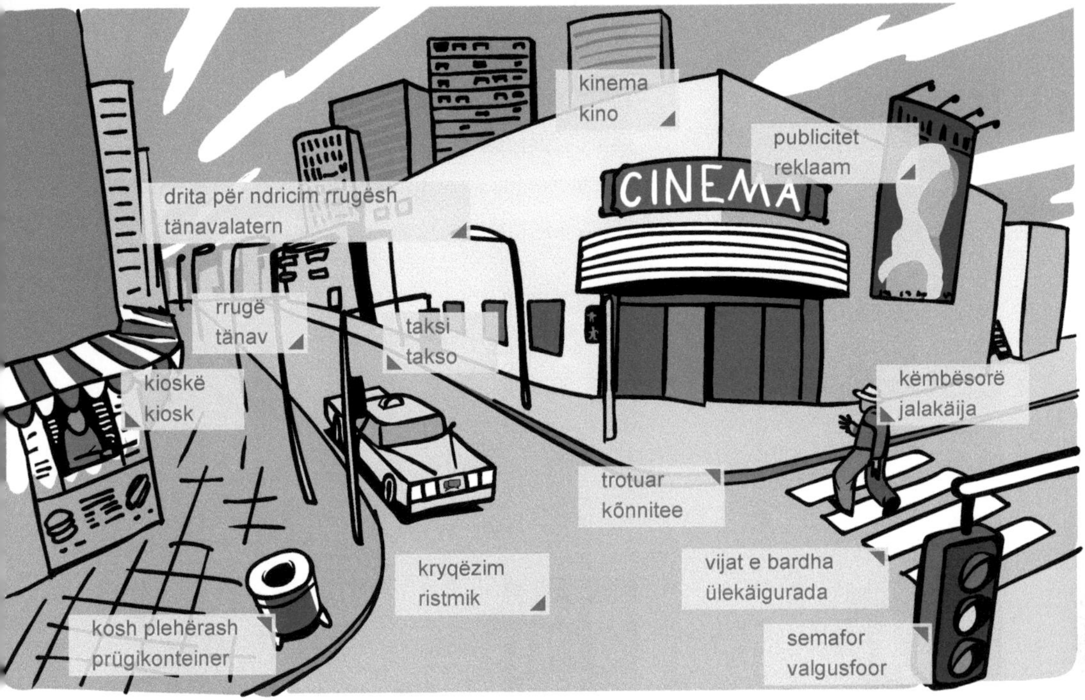

kinema
kino

publicitet
reklaam

drita për ndricim rrugësh
tänavalatern

rrugë
tänav

taksi
takso

kioskë
kiosk

këmbësorë
jalakäija

trotuar
kõnnitee

kryqëzim
ristmik

vijat e bardha
ülekäigurada

kosh plehërash
prügikonteiner

semafor
valgusfoor

kasolle
osmik

apartament
kortermaja

stacion treni
raudteejaam

bashki
raekoda

muze
muuseum

shkolla
kool

qytet - linn

11

universitet

ülikool

bankë

pank

spital

haigla

hotel

hotell

farmaci

apteek

zyrë

kontor

librari

raamatupood

dyqan

kauplus

dyqan lulesh

lillepood

supermarket

supermarket

market

turg

mapo

kaubamaja

dyqan peshku

kalapood

qëndër tregtare

kaubanduskeskus

port

sadam

park
park

stol
pink

urë
sild

shkallë
trepp

metro
metroo

tunel
tunnel

stacion autobuzi
bussipeatus

bar
baar

restorant
restoran

kuti postare
postkast

sinjalistikë rrugore
tänavasilt

kohëmatës parkimi
parkimisautomaat

kopsht zoologjik
loomaaed

pishinë
ujula

xhami
mošee

fermë
talu

ndotje
reostus

varrezë
surnuaed

kishë
kirik

shesh lojërash
mänguväljak

tempull
tempel

peisazh
maastik

gjethe
leht

tabela orientuese
teeviit

rrugë
tee

livadh
aas

gurë
kivi

ekskursionist
matkaja

pemë
puu

lumë
jõgi

bar
rohi

lule
lill

luginë
org

kodër
mägi

liqen
järv

pyll
mets

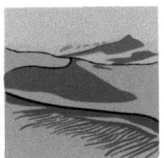

shkretëtirë
kõrb

vullkan
vulkaan

kështjellë
linnus

ylber
vikerkaar

kepudhë
seen

palmë
palm

mushkonjë
sääsk

mizë
kärbes

milingonë
sipelgas

bletë
mesilane

merimangë
ämblik

brumbull
mardikas

bretkosë
konn

ketër
orav

iriq
siil

lepur
jänes

buf
öökull

zog
lind

mjellmë
luik

derr i egër
metssiga

dre
hirv

dre brilopatë
põder

digë
pais

turbinë ere
tuuleturbiin

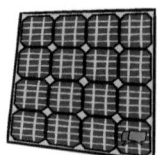

panel diellor
päikesepaneel

klimë
kliima

restorant

restoran

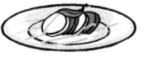

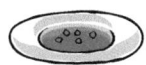

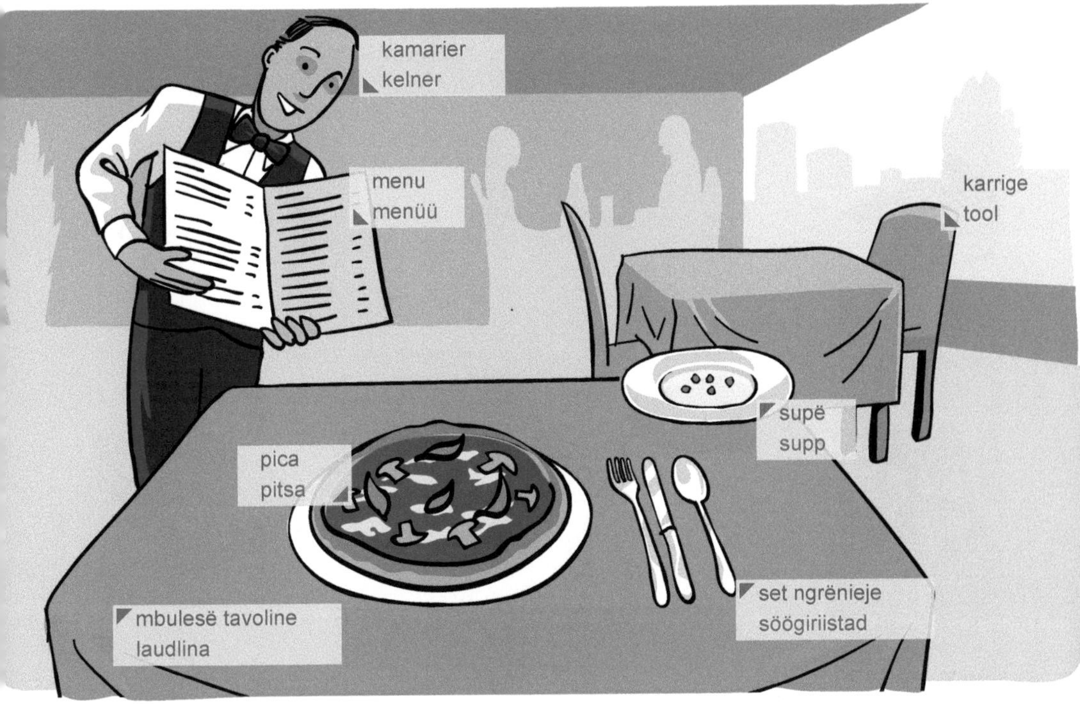

kamarier
kelner
menu
menüü
karrige
tool
supë
supp
pica
pitsa
mbulesë tavoline
laudlina
set ngrënieje
söögiriistad

pjatë e parë

eelroog

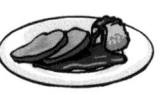

pjatë kryesore

pearoog

ëmbëlsirë

magustoit

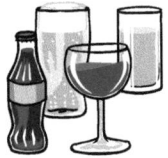

pije

joogid

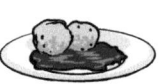

ushqim

toit

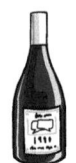

shishe

pudel

ushqim i shpejtë
kiirtoit

ushqim i shërbyer në rrugë
tänavatoit

ibrik çaji
teekann

kuti sheqeri
suhkrutoos

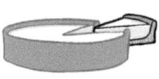

racion
portsjon

makinë kafeje ekspres
espressomasin

karrige e lartë
lastetool

faturë
arve

tabaka
kandik

thika
nuga

pirun
kahvel

lugë
lusikas

lugë çaji
teelusikas

pecetë
salvrätik

gotë
klaas

pjatë
....
taldrik

pjatë supe
....
supitaldrik

pjatë filxhani
....
alustass

salcë
....
kaste

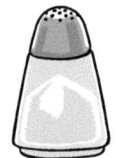

mbajtëse kripe
....
soolatoos

mulli piperi
....
pipraveski

uthull
....
äädikas

vaj
....
õli

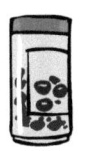

erëza
....
vürtsid

keçap
....
ketšup

mustardë
....
sinep

majonezë
....
majonees

supermarket
supermarket

ofertë speciale
eripakkumine
FOR
klient
klient
produkte bulmeti
piimatooted
frut
puuviljad
karrocë pazari
ostukäru

BUTCHERS

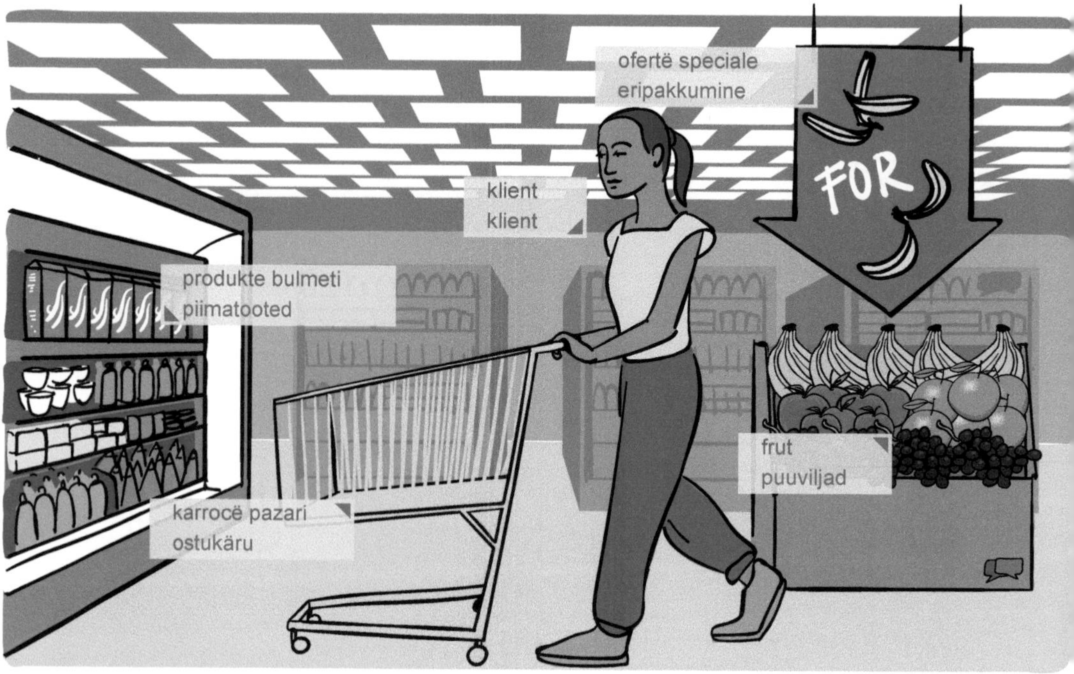

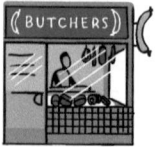

dyqan mishi

lihapood

BAKERY

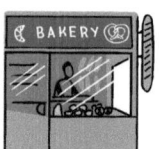

furrë buke

pagariäri

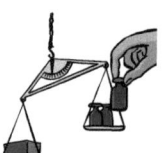

peshoj

kaaluma

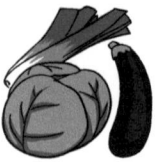

perime

köögiviljad

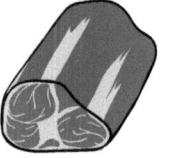

mish

liha

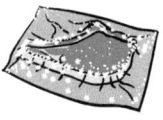

ushqim i ngrirë

külmutatud toit

copë

lihalõigud

ushqim i konservuar

konservid

pluhur larës

pesupulber

ëmbëlsirat

maiustused

prodhime shtëpie

majatarbed

produkte pastrimi

puhastustooted

shitëse

müüja

kasë fiskale

kassaaparaat

arkëtar

kassapidaja

listë blerjeje

ostunimekiri

oraret e punës

lahtiolekuajad

portofol

rahakott

kartë krediti

krediitkaart

çantë

kott

qese plastike

kilekott

ujë
vesi

lëng frutash
mahl

qumësht
piim

koka-kola
koola

verë
vein

birrë
õlu

alkool
alkohol

kakao
kakao

çaj
tee

kafe
kohv

kafe ekspres
espresso

kapuçino
cappuccino

banane

banaan

mollë

õun

portokalle

apelsin

pjepër

arbuus

limon

sidrun

karrotë

porgand

hudhër

küüslauk

bambu

bambus

qepë

sibul

kërpudha

seen

arra

pähklid

makarona

nuudlid

spageti

spagetid

oriz

riis

sallatë

salat

patate të skuqura

friikartulid

patate të skuqura

praekartulid

pica

pitsa

hamburger

hamburger

sanduiç

võileib

shnicel

šnitsel

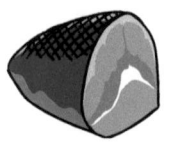

proshutë

sink

sallam

salaami

salçiçe

vorst

pulë

kana

skuq

praeliha

peshk

kala

tërshërë

kaerahelbed

drithëra

müsli

kornfleiks

maisihelbed

miell

jahu

kruasant

sarvesai

panine

kukkel

bukë

leib

tost

röstsai

biskotë

küpsised

gjalp

või

gjizë

kohupiim

tortë

kook

vezë

muna

vezë sy

praemuna

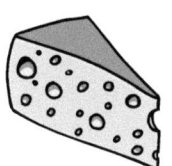

djathë

juust

akullore
jäätis

sheqer
suhkur

mjaltë
mesi

marmaladë
moos

çokokrem
pähklivõie

këri
karri

shtëpi fermë
talumaja

deng bari
heinapall

hangar
laut

fushë
põld

kal
hobune

rimorkio
järelkäru

kërriç
varss

traktor
traktor

gomar
eesel

dele
lammas

qengj
lambatall

dhi
kits

lopë
lehm

viç
vasikas

derr
siga

derrkuc
põrsas

dem
pull

patë
hani

rosë
part

zog pule
tibu

pulë
kana

gjel
kukk

mi
rott

mace
kass

mi
hiir

buall
härg

qen
koer

kolibe qeni
koerakuut

zorrë vaditëse
aiavoolik

vaditëse
kastekann

kosë
vikat

plug
ader

drapër

sirp

shat

kõblas

kosa

hang

sëpatë

kirves

karrocë

käru

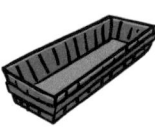

govatë

küna

bidon qumështi

piimanõu

thes

kott

gardh

tara

ahur

tall

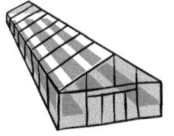

serë

kasvuhoone

dhe

muld

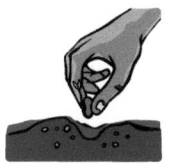

farë

seeme

pleh

väetis

autokombanjë

kombain

korr

saaki koristama

te korrat

saagikoristus

patate e ëmbël "Yam"

jamss

grurë

nisu

soja

soja

patate

kartul

misër

mais

raps

raps

pemë frutore

viljapuu

zhardhok manioku

maniokk

drithëra

teravili

shtëpi
maja

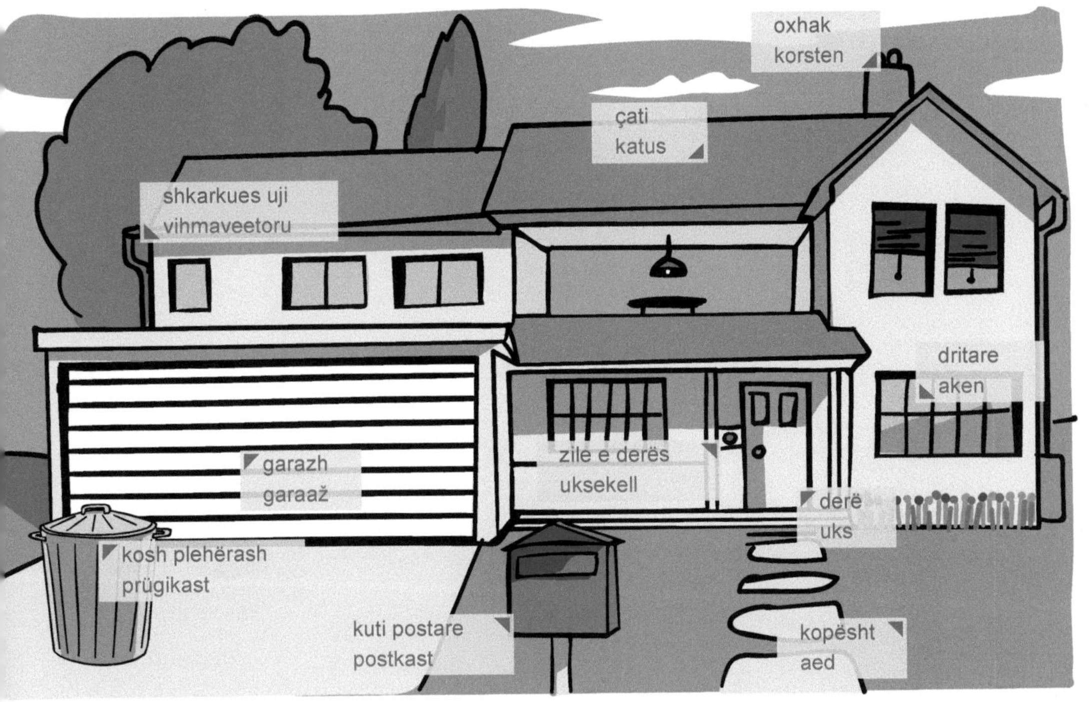
oxhak
korsten
çati
katus
shkarkues uji
vihmaveetoru
dritare
aken
garazh
garaaž
zile e derës
uksekell
derë
uks
kosh plehërash
prügikast
kuti postare
postkast
kopësht
aed

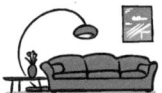

dhomë ndenjeje

elutuba

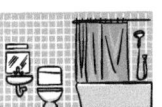

tualet

vannituba

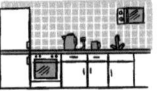

kuzhinë

köök

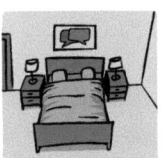

dhomë gjumi

magamistuba

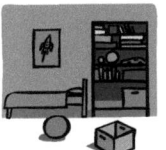

dhomë fëmijësh

lastetuba

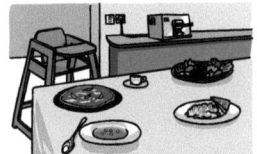

dhomë ngrënieje

söögituba

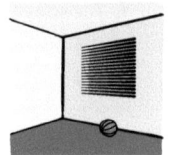

dysheme
põrand

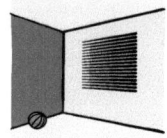

mur
sein

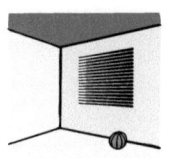

tavan
lagi

bodrum
kelder

sauna
saun

ballkon
rõdu

tarracë
terrass

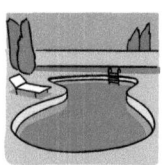

pishinë
bassein

kositëse bari
muruniiduk

çarçaf
voodilina

kuvertë
päevatekk

krevat
voodi

fshesë dore
luud

kovë
ämber

çelës
lüliti

dhomë ndenjeje
elutuba

tapiceri
tapeet
fotografi
pilt
llambë
lamp
raft
riiul
dollap
kapp
pajisje televizive
televiisor
vatër
kamin
lule
lill
jastëk
padi
divan
diivan
vazo
vaas
telekomandë
kaugjuhtimispult

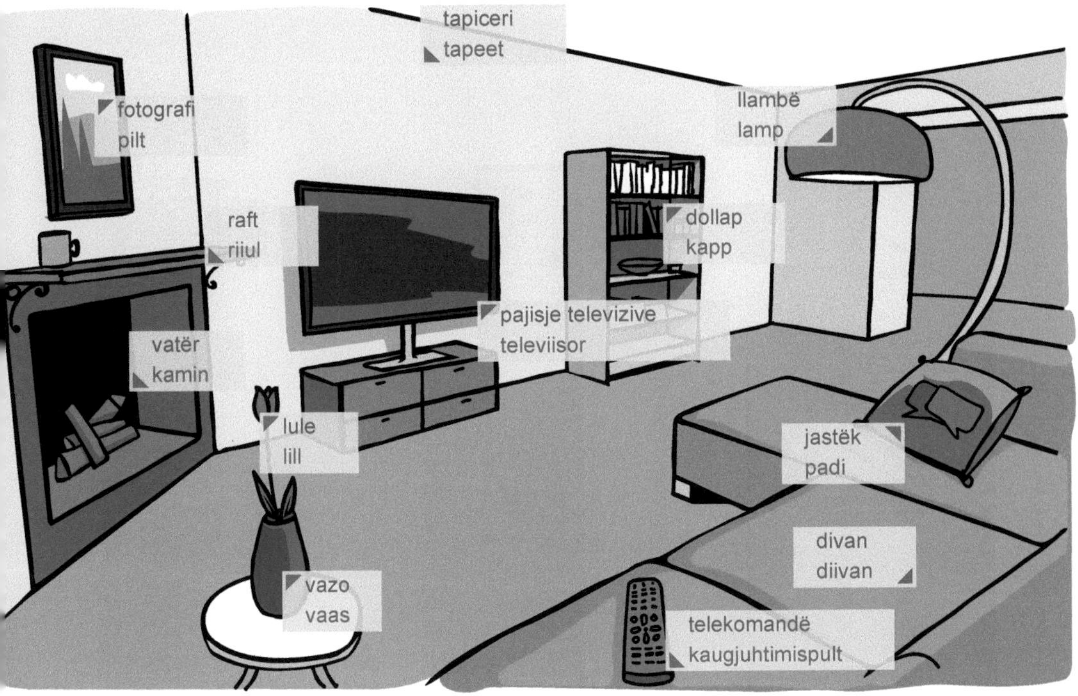

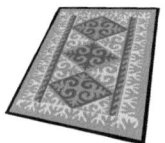

qilim

vaip

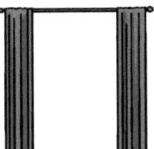

perde

kardin

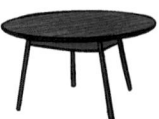

tavolinë

laud

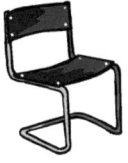

karrige

tool

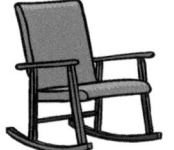

karrige lëkundëse

kiiktool

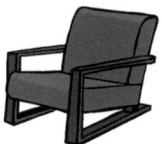

kolltuk

tugitool

libri
raamat

batanije
tekk

zbukurime
kaunistus

dru zjarri
küttepuud

film
film

stereo
helisüsteem

çelës
võti

gazetë
ajaleht

pikturë
maal

afishe
plakat

radio
raadio

bllok shënimesh
märkmik

fshesë me korent
tolmuimeja

kaktus
kaktus

qiri
küünal

kuzhinë
köök

frigorifer
külmik
mikrovalë
mikrolaineahi
peshore kuzhine
köögikaal
toster
röster
detergjent
pesuvahend
furrë
ahi
ngrirës
sügavkülmik
kosh plehërash
prügikast
lavastovilje
nõudepesumasin

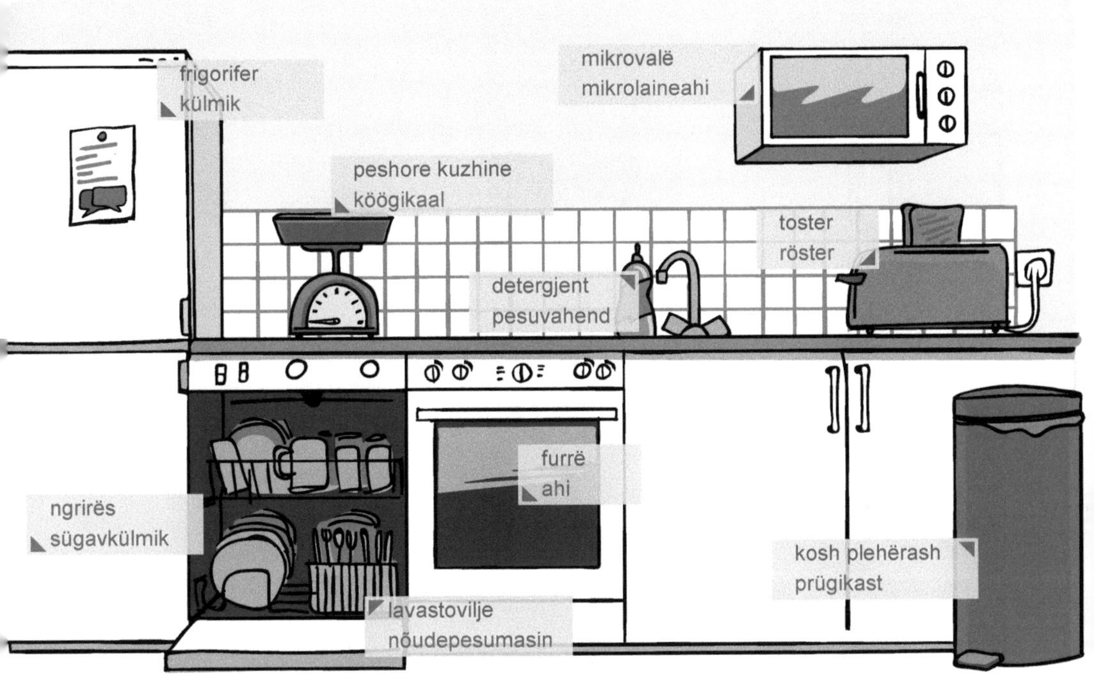

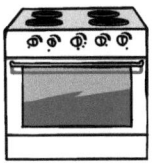

sobë
pliit

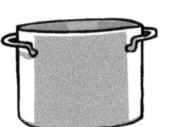

tenxhere
pott

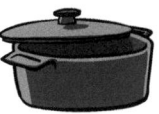

tenxhere me kapak
malmpott

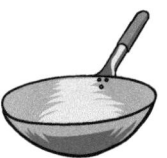

tigan special (Wok)
vokkpann

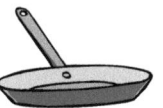

tigan
pann

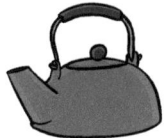

çajnik
veekeetja

tenxhere me avull

aurutaja

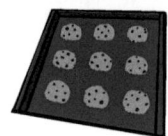

tavë pjekjeje

küpsetusplaat

enë

lauanõud

filxhan

kruus

tas

kauss

shkopinj

söögipulgad

garuzhde

kulp

spatul

pannilabidas

tel kuzhine

vispel

kulluese

kurn

sitë

sõel

rende

riiv

havan

uhmer

skarë

grill

zjarr

lahtine tuli

dërrasë për prerje

lõikelaud

okllai

tainarull

heqëse tapash

korgitser

kanaçe

konservipurk

hapëse kanaçeje

konserviavaja

rrobë për të kapur tenxheren

pajakinnas

lavaman

kraanikauss

furçë

hari

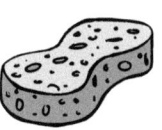

sfungjer

pesukäsn

përzjerës

kannmikser

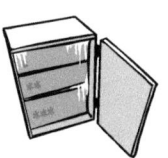

ngrirës

sügavkülmuti

biberon për lëngje

lutipudel

rubinet

segisti

tualet
vannituba

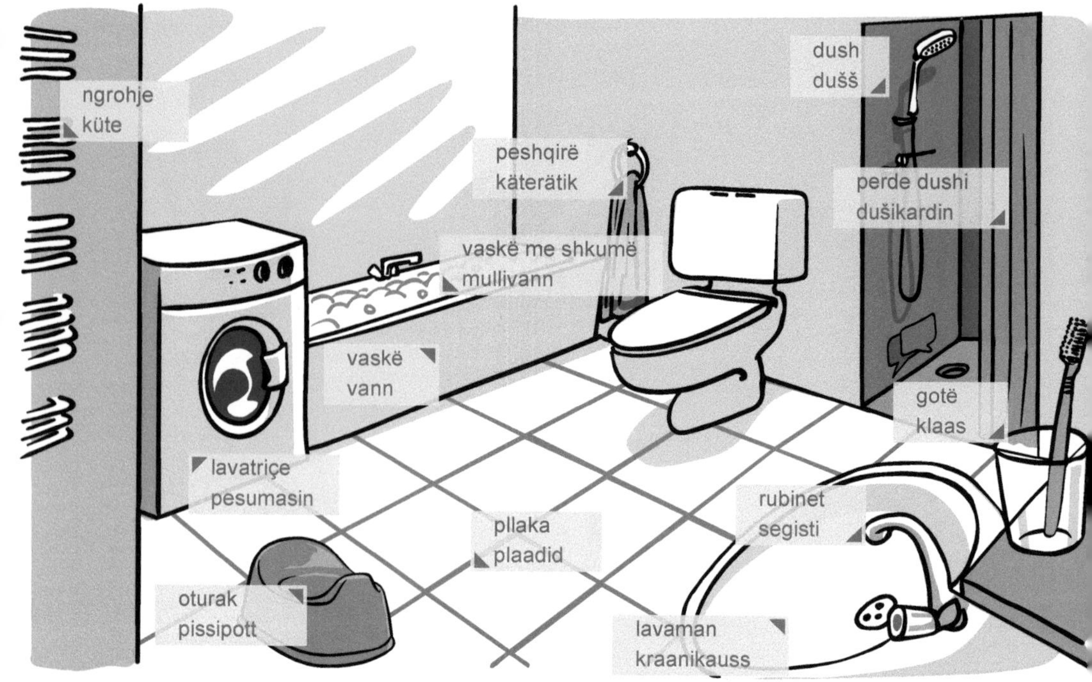

dush
dušš
ngrohje
küte
peshqirë
käterätik
perde dushi
dušikardin
vaskë me shkumë
mullivann
vaskë
vann
gotë
klaas
lavatriçe
pesumasin
rubinet
segisti
pllaka
plaadid
oturak
pissipott
lavaman
kraanikauss

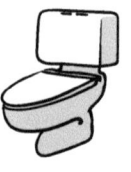

tualet
WC-pott

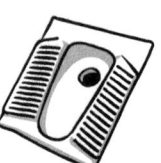

WC e sheshtë
kükitamistualett

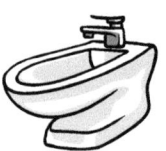

bide
bidee

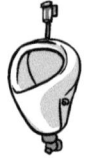

tualet publik
pissuaar

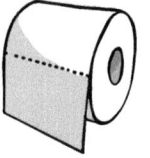

letër higjienike
tualettpaber

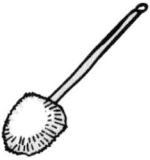

furçe për WC
WC-hari

furçë dhëmbësh

hambahari

pastë dhëmbësh

hambapasta

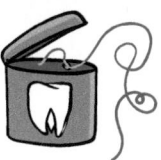

fije dentare

hambaniit

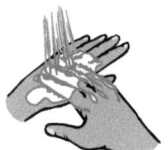

laj

pesema

dorezë dushi

käsidušš

larës për zonën intime

intiimdušš

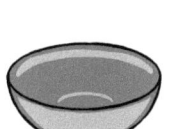

legen

pesukauss

furçë për masazh shpine

seljahari

sapun

seep

shampo trupi

dušigeel

shampo

šampoon

leckë pastruese

vamm

kullues

äravool

krem

kreem

antidjersë

deodorant

pasqyrë

peegel

pasqyrë dore

käsipeegel

brisk rroje

habemenuga

shkumë rroje

raseerimisvaht

locion pas rrojes

habemevesi

krehër

kamm

furçë

hari

tharëse flokësh

föön

llak për flokët

juukselakk

grim

meigikomplekt

buzëkuq

huulepulk

manikyr

küünelakk

mbushje pambuku

vatt

gërshërë për thonj

küünekäärid

parfum

parfüüm

çantë për sendet personale

tualett-tarvete kott

Stol

taburet

peshore

kaal

robëdëshambër

hommikumantel

dorashka gome

kummikindad

tampon

tampoon

peceta higjienike

hügieeniside

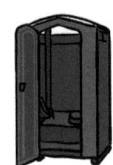

tualet I lëvizshëm

keemiline tualett

dhomë fëmijësh

lastetuba

orë me zile
äratuskell
lodra me pellushë
pehme mänguasi
makinë lodër
mänguauto
rraketake
kõristi
shtëpi kukullash
nukumaja
dhuratë
kingitus

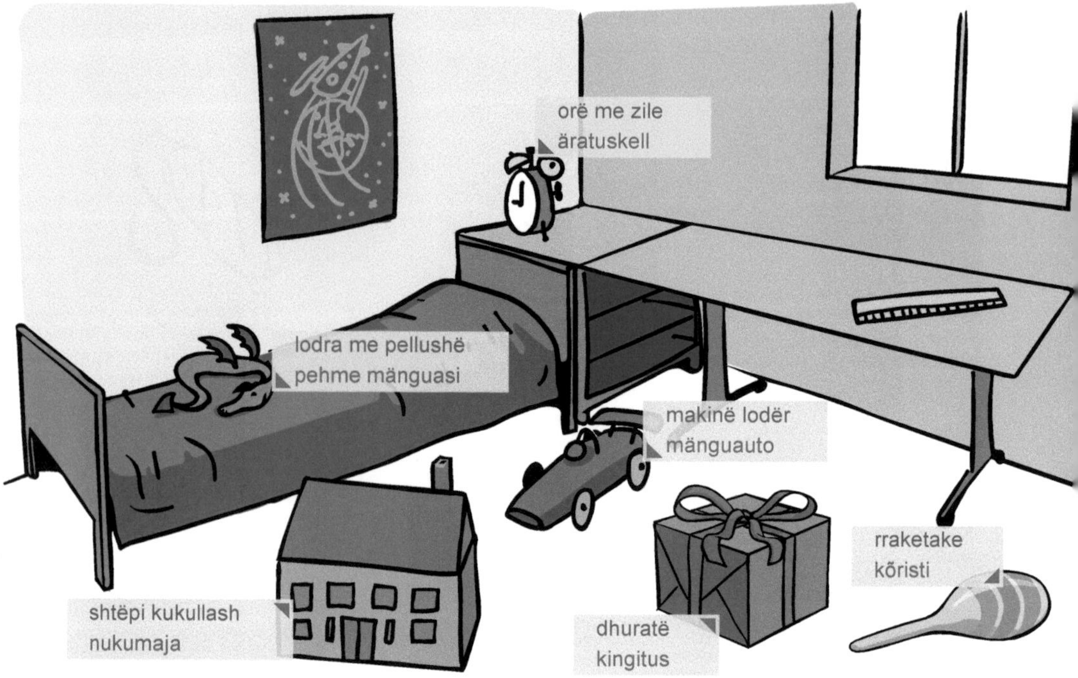

tollumbace

õhupall

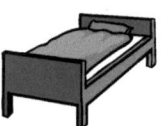

krevat

voodi

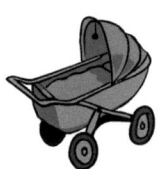

karrocë fëmijësh

lapsevanker

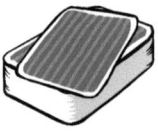

lojë me letra

kaardipakk

bashkim pjesësh me figura

pusle

SUPER
MEGA

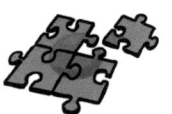

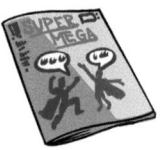

komik

koomiks

formuese lodër
Lego klotsid

kuba plastikë
klotsid

lodra
kujuke

badi
siputuspüksid

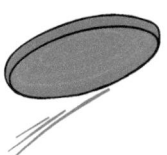

frizbi
lendav taldrik

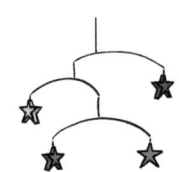

lodra të varura tek krevati i
fëmijëve
voodikarussell

tavolinë lojërash
lauamäng

zare
täringud

model treni
mudelrong

biberon
lutt

festë
pidu

libër me ilustrime
pildiraamat

top
pall

kukull
nukk

luaj
mängima

grumbull rëre
....
liivakast

kolovarëse
....
kiik

lodra
....
mänguasjad

leva për lojra video
....
mängukonsool

triçikël
....
kolmerattaline jalgratas

arush prej pellushi
....
mängukaru

garderobë
....
riidekapp

veshje

riietus

çorape
....
sokid

çorape të gjata
....
sukad

geta
....
sukkpüksid

shall
sall

çadër
vihmavari

bluzë pa jakë
T-särk

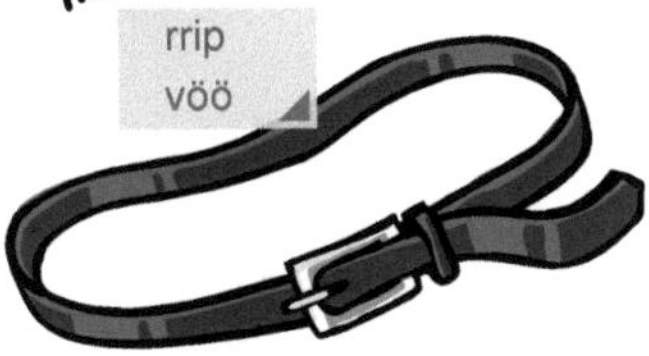

rrip
vöö

çizme
saapad

pantofla
sussid

atlete
tossud

sandale
....
sandaalid

këpucë
....
jalatsid

çizme llastiku
....
kummikud

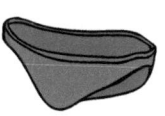

të mbathura
....
aluspüksid

reçipeta
....
rinnahoidja

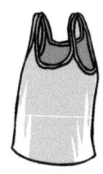

kanotierë
....
vest

veshje - riietus

45

trup

bodi

pantallona

püksid

xhinse

teksapüksid

fund

seelik

bluzë

pluus

këmishë

särk

pulovër

sviiter

triko

dressipluus

xhaketë

bleiser

xhaketë

jakk

pallto

mantel

mushama shiu

vihmamantel

kostum

kostüüm

fustan

kleit

fustan nusërie

pulmakleit

kostum

ülikond

këmishë nate

öösärk

pizhama

pidžaama

sari (veshje tradicionale indiane)

sari

shami koke

pearätt

çallmë

turban

veshje për femrat e besimit musliman

burka

kaftan (lloj veshjeje tradicionale)

kaftan

ferexhe

abayah

kostum banje

ujumistrikoo

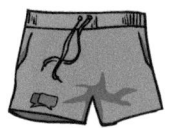

rroba banje

ujumispüksid

pantallona të shkurtra

lühikesed püksid

tuta sporti

dressid

përparëse

põll

dorashka

kindad

kopsë

nööp

syze

prillid

byzylyk

käevõru

gjerdan

kaelakee

unazë

sõrmus

vath

kõrvarõngas

kapuç

nokamüts

varëse për pallto

riidepuu

kapele

kaabu

kravatë

lips

zinxhir

tõmblukk

helmetë

kiiver

tiranda

traksid

uniformë shkolle

koolivorm

uniformë

vormirõivad

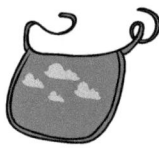

gushore

pudipõll

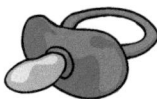

biberon

lutt

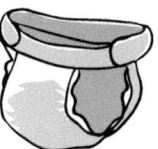

pelenë

mähe

zyrë

kontor

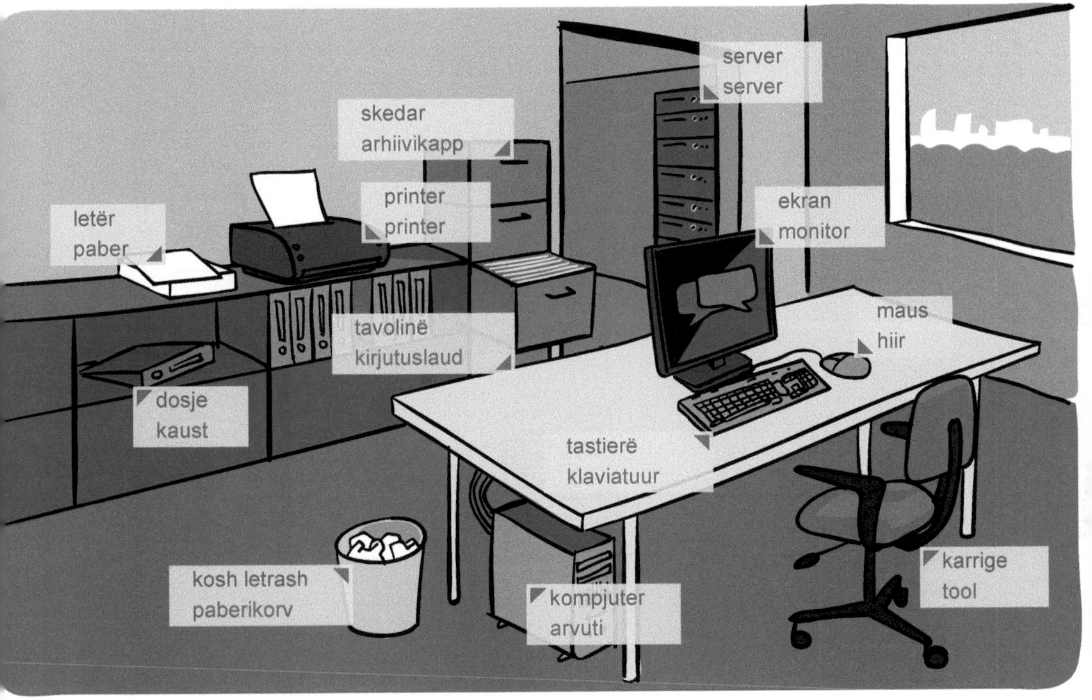

server
server
skedar
arhiivikapp
letër
paber
printer
printer
ekran
monitor
maus
hiir
tavolinë
kirjutuslaud
dosje
kaust
tastierë
klaviatuur
kosh letrash
paberikorv
kompjuter
arvuti
karrige
tool

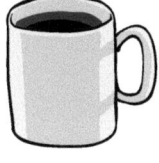

filxhan kafeje

kohvikruus

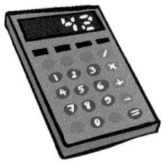

makinë llogaritëse

kalkulaator

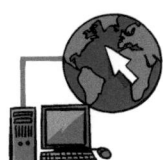

internet

internet

kompjuter portativ

sülearvuti

letër

kiri

mesazh

sõnum

telefon

mobiiltelefon

rrjet

võrk

fotokopje

koopiamasin

program

tarkvara

telefon

telefon

prizë

pistikupesa

pajisje faksi

faksimasin

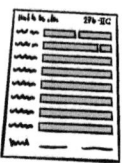

formular

vorm

dokument

dokument

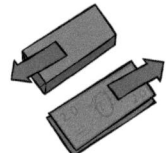

blej

ostma

paguaj

maksma

tregtoj

vahetama

para

raha

dollar

dollar

euro

euro

jen

jeen

rubla

rubla

franga zvicerane

Šveitsi frank

juani kinez

renminbi jüaan

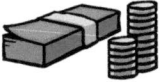

rupje

ruupia

bankomat

sularahaautomaat

pikë këmbimi valutor

valuutavahetuspunkt

ar

kuld

argjend

hõbe

nafta

nafta

energji

energia

çmim

hind

kontratë

leping

taksë

maks

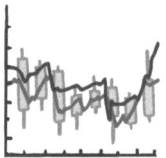

aksione

aktsia

punoj

töötama

punonjës

töötaja

punëdhënës

tööandja

fabrikë

tehas

dyqan

kauplus

profesionet
ametid

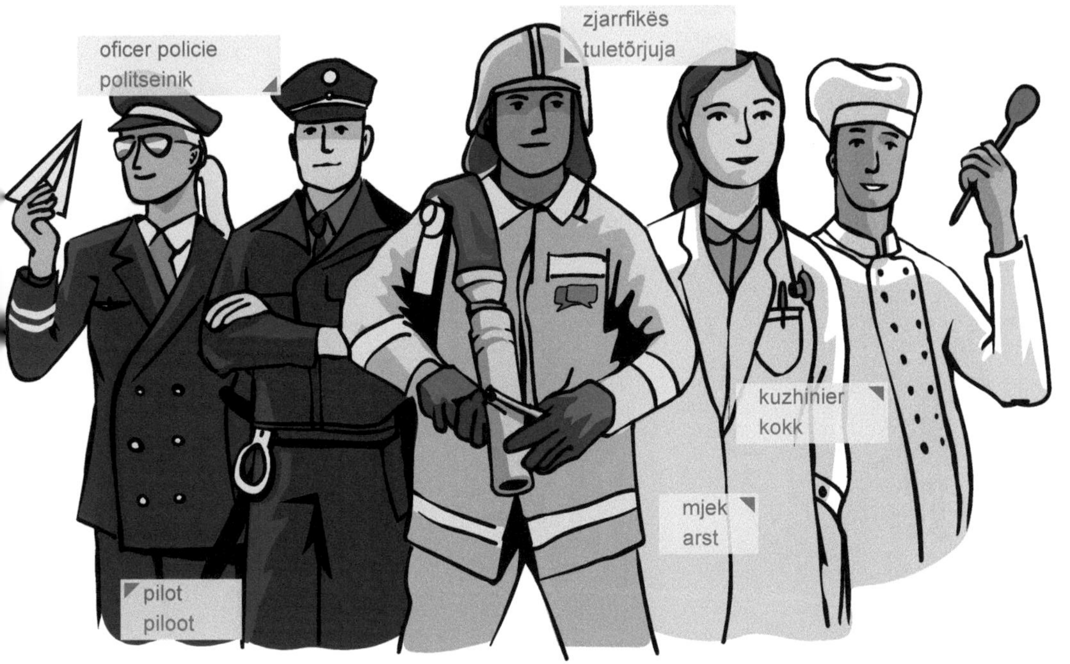

oficer policie
politseinik
zjarrfikës
tuletõrjuja
kuzhinier
kokk
mjek
arst
pilot
piloot

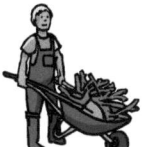

kopshtar
aednik

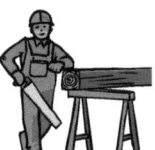

marangoz
puusepp

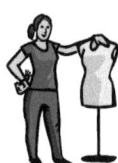

rrobaqepëse
õmbleja

gjykatës
kohtunik

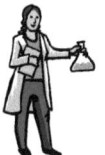

kimist
keemik

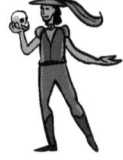

aktor
näitleja

shofer autobuzi

bussijuht

taksist

taksojuht

peshkatar

kalamees

pastruese

koristaja

riparues çatish

katusepaigaldaja

kamarier

kelner

gjuetar

jahimees

piktor

maaler

furrxhi

pagar

elektriçist

elektrik

ndërtues

ehitaja

inxhinier

insener

kasap

lihunik

hidraulik

torumees

postieri

postiljon

ushtar

sõdur

arkitekt

arhitekt

arkëtar

kassapidaja

luleshitës

lillemüüja

berber

juuksur

kontrollor

piletikontrolör

mekanik

mehaanik

kapiten

kapten

dentist

hambaarst

shkencëtar

teadlane

rabin

rabi

imam

imaam

murg

munk

klerik

preester

mjete
tööriistad

pinca
tangid
çekiç
haamer
kaçavidë
kruvikeeraja
çelës mekanik
mutrivõti
elektrik dore
taskulamp

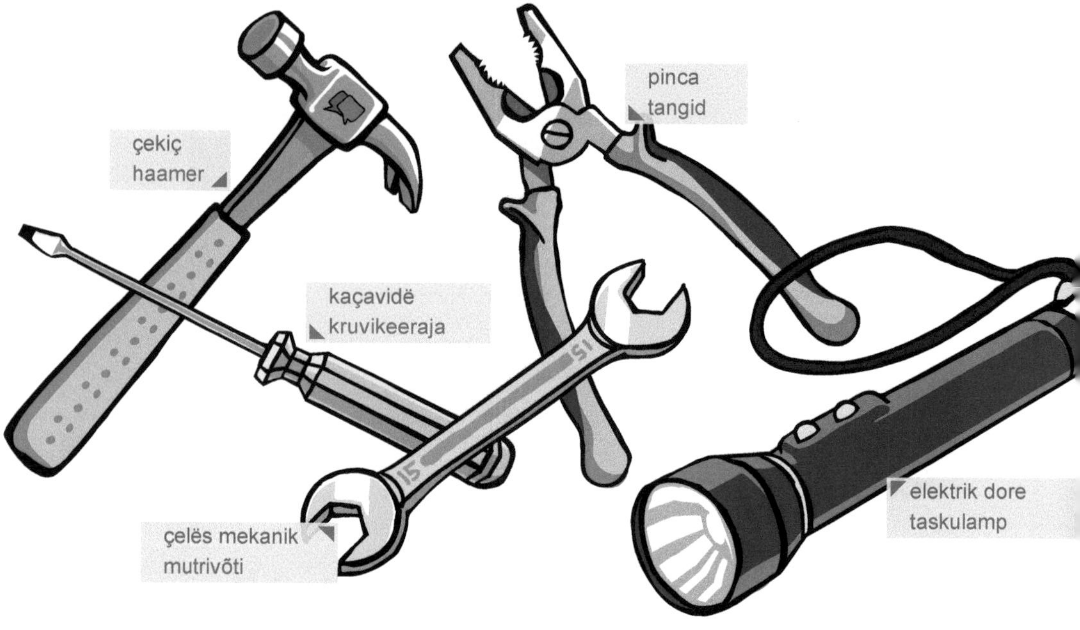

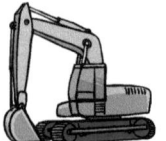

ekskavator

ekskavaator

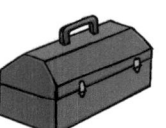

kuti veglash

tööriistakast

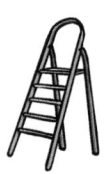

shkallë

redel

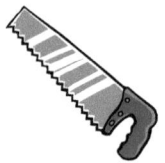

sharrë

saag

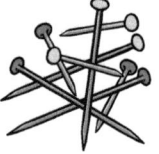

gozhdë

naelad

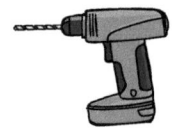

trapan

trell

riparoj

parandama

lopatë

labidas

Dreq!

Põrgusse!

kaci

kühvel

kuti boje

värvipott

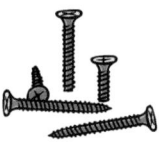

vidhë

kruvid

instrumenta muzikorë
pillid

altoparlant
kõlar

bateri
trummikomplekt

kitare
kitarr

kontrabas
kontrabass

trompë
trompet

piano

klaver

violinë

viiul

bas

bass

tamburë

timpan

daulle

trummid

tastierë pianoje

süntesaator

saksofon

saksofon

flaut

flööt

mikrofon

mikrofon

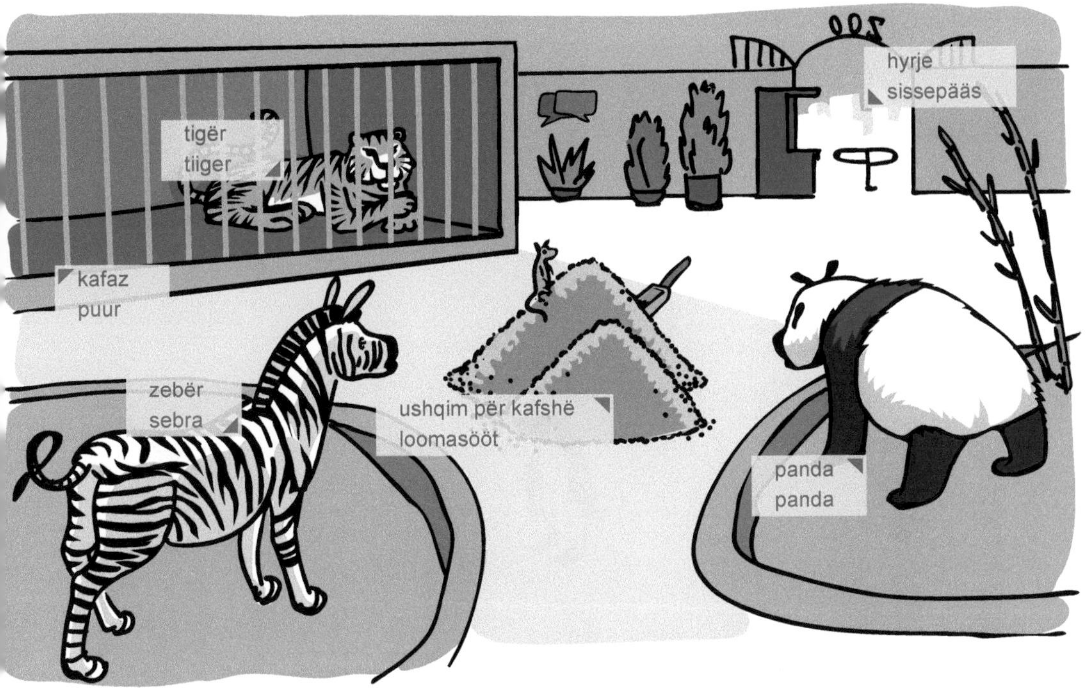

tigër
tiiger

hyrje
sissepääs

kafaz
puur

zebër
sebra

ushqim për kafshë
loomasööt

panda
panda

kafshë
loomad

elefant
elevant

kangur
känguru

rinoceront
ninasarvik

gorillë
gorilla

ari
karu

deve
kaamel

struc
jaanalind

luan
lõvi

majmun
ahv

flamingo
flamingo

papagall
papagoi

ari polar
jääkaru

pinguin
pingviin

peshkaqen
hai

pallua
paabulind

gjarpër
madu

krokodil
krokodill

punonjës i kopshtit zoologjik
loomaaiatalitaja

fokë
hüljes

xhaguar
jaaguar

poni
poni

leopard
leopard

hipopotam
jõehobu

gjirafë
kaelkirjak

shqiponjë
kotkas

derr i egër
metssiga

peshk
kala

breshkë
kilpkonn

lopë deti
morsk

dhelpër
rebane

gazelë
gasell

futboll amerikan
Ameerika jalgpall

çiklizëm
jalgrattasõit

tenis
tennis

basketboll
korvpall

not
ujumine

boks
poksimine

hokej mbi akull
jäähoki

| futboll | badminton | atletikë |
| jalgpall | sulgpall | kergejõustik |

| hendboll | ski | polo |
| käsipall | suusatamine | polo |

qesh
naerma

hidhem
hüppama

përqafoj
kallistama

eci
jalutama

këndoj
laulma

ëndërroj
unistama

lutem
palvetama

puth
suudlema

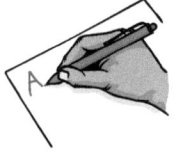

shkruaj
kirjutama

vizatoj
joonistama

tregoj
näitama

shtyj
lükkama

jap
andma

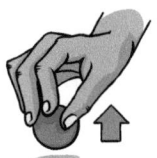

marr
võtma

kam

omama

bëj

tegema

jam

olema

qëndroj

seisma

vrapoj

jooksma

tërheq

tõmbama

hedh

viskama

bie

kukkuma

shtrihem

lamama

pres

ootama

mbaj

kandma

ulem

istuma

vishem

riidesse panema

fle

magama

zgjohem

ärkama

shikoj

vaatama

qaj

nutma

përkëdhel

paitama

kreh

kammima

bisedoj

rääkima

kuptoj

aru saama

kërkoj

küsima

dëgjoj

kuulama

pi

jooma

ha

sööma

sistemoj

korrastama

dashuroj

armastama

gatuaj

süüa tegema

drejtoj makinën

sõitma

fluturoj

lendama

lundroj

purjetama

llogaris

arvutama

lexoj

lugema

mësoj

õppima

punoj

töötama

martohem

abielluma

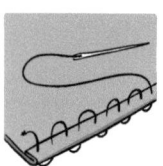

qep

õmblema

laj dhëmbët

hambaid pesema

vras

tapma

tymos

suitsetama

dërgoj

saatma

aktivitet - tegevused

gjyshe
vanaema

gjysh
vanaisa

baba
isa

nënë
ema

bebe
imik

vajzë
tütar

djalë
poeg

mysafir

külaline

teze, hallë

tädi

dajë, xhaxha

onu

vëlla

vend

motër

õde

trupi
keha

balli
otsmik
syri
silm
shpatulla
õlg
gishti
sõrm
fytyra
nägu
mjekra
lõug
dora
käsi
krahërori
rind
këmba
jalg
krahu
käsivars

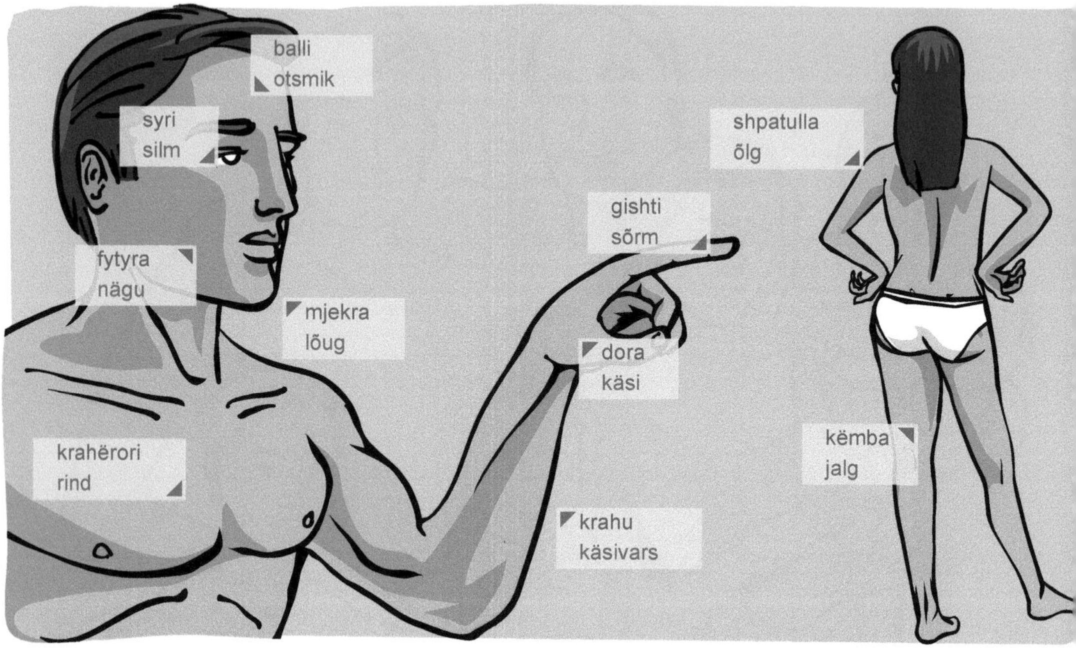

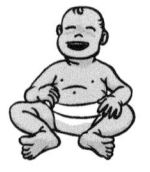

bebe
imik

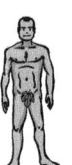

burrë
mees

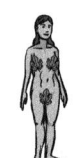

grua
naine

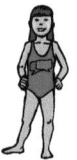

vajzë
tüdruk

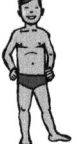

djalë
poiss

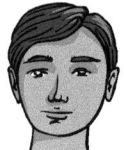

koka
pea

shpina

selg

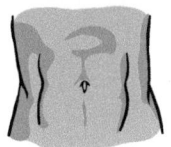

barku

kõht

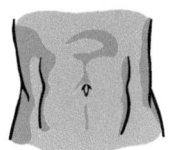

kërthiza

naba

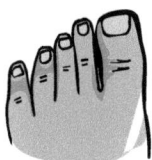

gisht këmbe

varvas

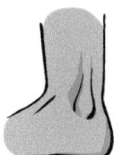

Thembra

kand

kockë

luu

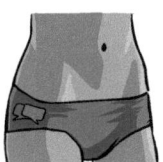

legeni

puus

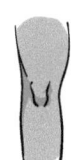

gjuri

põlv

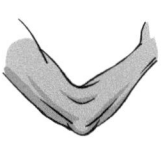

bërryli

küünarnukk

hunda

nina

vithe

tagumik

lëkura

nahk

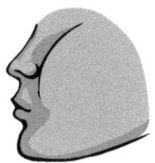

faqja

põsk

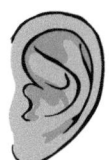

veshi

kõrv

buza

huuled

goja
suu

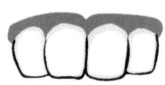

dhëmbët
hammas

gjuha
keel

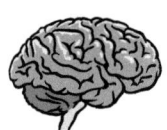

truri
aju

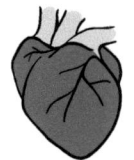

zemra
süda

muskul
lihas

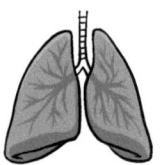

mushkëria
kops

mëlçia
maks

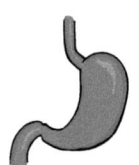

stomaku
magu

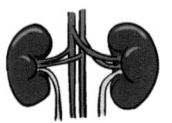

veshka
neerud

seks
seksuaalvahekord

prezervativ
kondoom

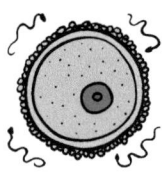

veza
munarakk

sperma
sperma

shtatëzani
rasedus

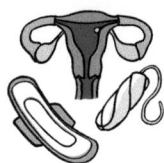

menstruacione

menstruatsioon

vagina

vagiina

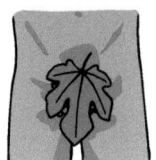

penis

peenis

vetulla

kulm

flokët

juuksed

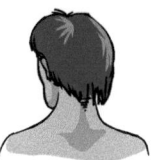

qafa

kael

spital
haigla

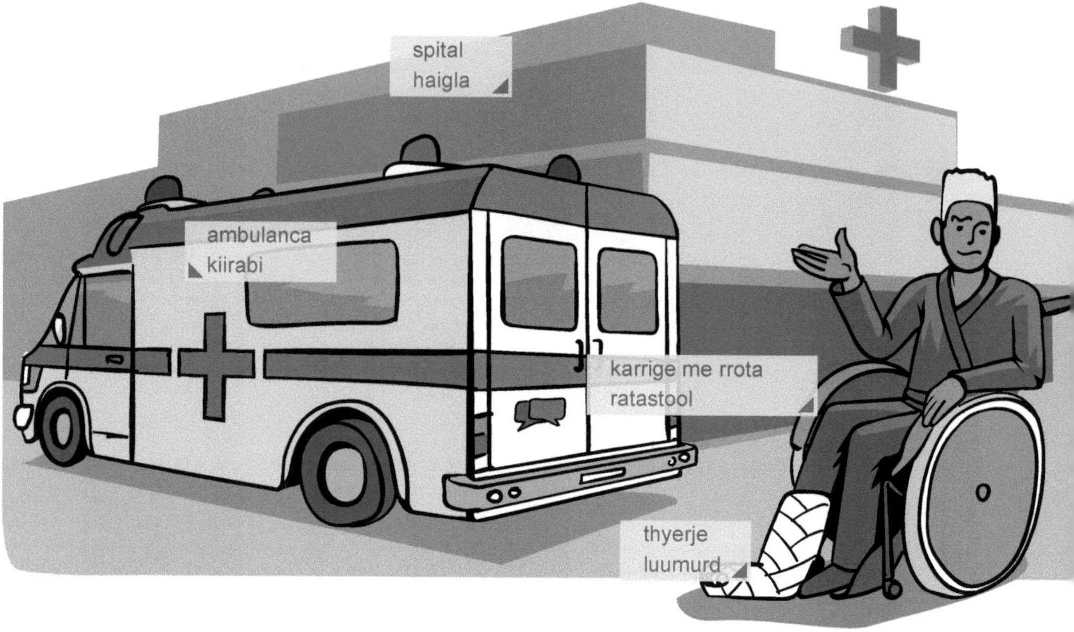

spital
haigla
ambulanca
kiirabi
karrige me rrota
ratastool
thyerje
luumurd

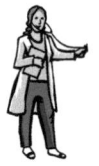

mjek
arst

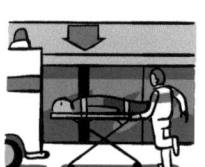

sallë urgjencash
traumapunkt

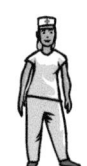

infermiere
meditsiiniõde

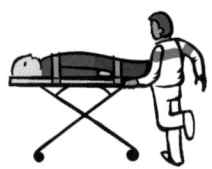

emergjencë
hädaolukord

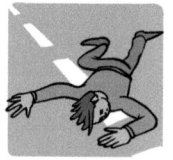

i pandërgjegjshëm
teadvuseta

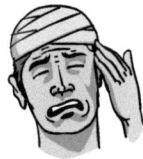

dhimbje
valu

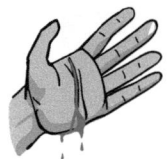

dëmtim

vigastus

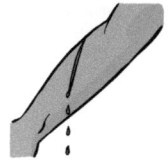

gjakosje

verejooks

infarkt

südamerabandus

goditje

insult

alergji

allergia

kolla

köha

ethe

palavik

grip

gripp

diarre

kõhulahtisus

dhimbje koke

peavalu

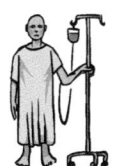

kancer

vähk

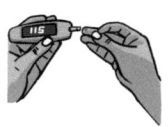

diabet

diabeet

kirurg

kirurg

bisturi

skalpell

operacion

operatsioon

CT (skaner)

KT

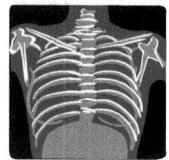

radiografi

röntgen

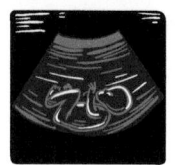

ultratingull

ultraheli

maskë fytyre

mask

sëmundje

haigus

dhomë pritjeje

ooteruum

paterica

kark

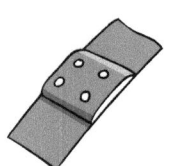

leukoplast

kips

fasho

side

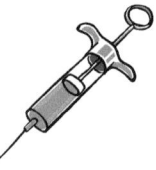

injeksion

süst

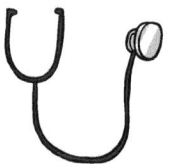

stetoskop

stetoskoop

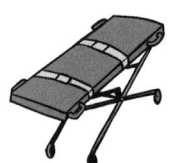

barelë

kanderaam

termometër

kraadiklaas

lindje

sünd

mbipeshë

ülekaaluline

aparat dëgjimi

kuuldeaparaat

dezinfektant

desinfektsioonivahend

infeksion

põletik

virus

viirus

HIV / AIDS

HIV / AIDS

mjekësi, mjekim

meditsiin

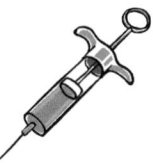

vaksinim

vaktsineerimine

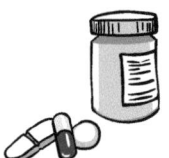

tableta

tabletid

pilulë

pill

telefonatë emergjence

hädaabikõne

aparat tensioni

vererõhuaparaat

i sëmurë / i shëndetshëm

haige / terve

Ndihmë!

Appi!

alarm

häire

sulm

kallaletung

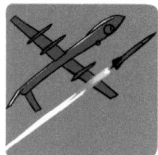

atak

rünnak

rrezik

oht

dalje emergjence

avariiväljapääs

Zjarr!

Tulekahju!

fikëse zjarri

tulekustuti

aksident

õnnetus

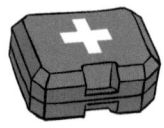

kuti e ndimës së shpejtë

esmaabikomplekt

SOS

SOS

policia

politsei

Europa
Euroopa

Amerika e Veriut
Põhja-Ameerika

Amerika e Jugut
Lõuna-Ameerika

Afrika
Aafrika

Azia
Aasia

Australia
Austraalia

Atlantiku
Atlandi ookean

Paqësori
Vaikne ookean

Oqeani Indian
India ookean

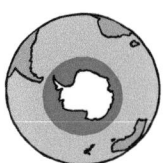

Oqeani Antarktik
Lõuna-Jäämeri

Oqeani Arktik
Põhja-Jäämeri

Poli i veriut
põhjapoolus

Poli i Jugut

lõunapoolus

Antarktida

Antarktika

toka

Maa

tokë

maismaa

det

meri

ishull

saar

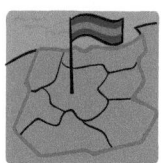

komb

rahvus

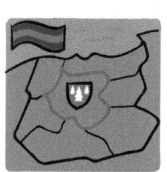

shtet

riik

fusha e orës

sihverplaat

akrepi i orës

tunniosuti

akrepi i minutave

minutiosuti

akrepi i sekondave

sekundiosuti

Sa është ora?

Mis kell on?

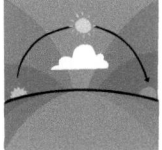

ditë

päev

kohë

aeg

tani

praegu

orë dixhitale

digitaalne kell

minutë

minut

orë

tund

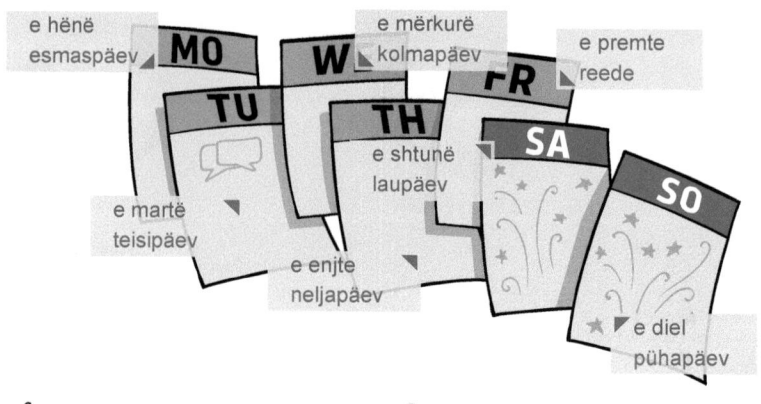

e hënë / esmaspäev — MO
e mërkurë / kolmapäev — W
e premte / reede — FR
TU
TH
SA
e martë / teisipäev
e shtunë / laupäev — SA
SO
e enjte / neljapäev
e diel / pühapäev

dje

eile

sot

täna

nesër

homme

mëngjes

hommik

mesditë

lõuna

mbrëmje

õhtu

MO	TU	WE	TH	FR	SA	SU
1	2	3	4	5	6	7
8	9	10	11	12	13	14
15	16	17	18	19	20	21
22	23	24	25	26	27	28
29	30	31	1	2	3	4

ditë pune

tööpäevad

MO	TU	WE	TH	FR	SA	SU
1	2	3	4	5	6	7
8	9	10	11	12	13	14
15	16	17	18	19	20	21
22	23	24	25	26	27	28
29	30	31	1	2	3	4

fundjavë

nädalavahetus

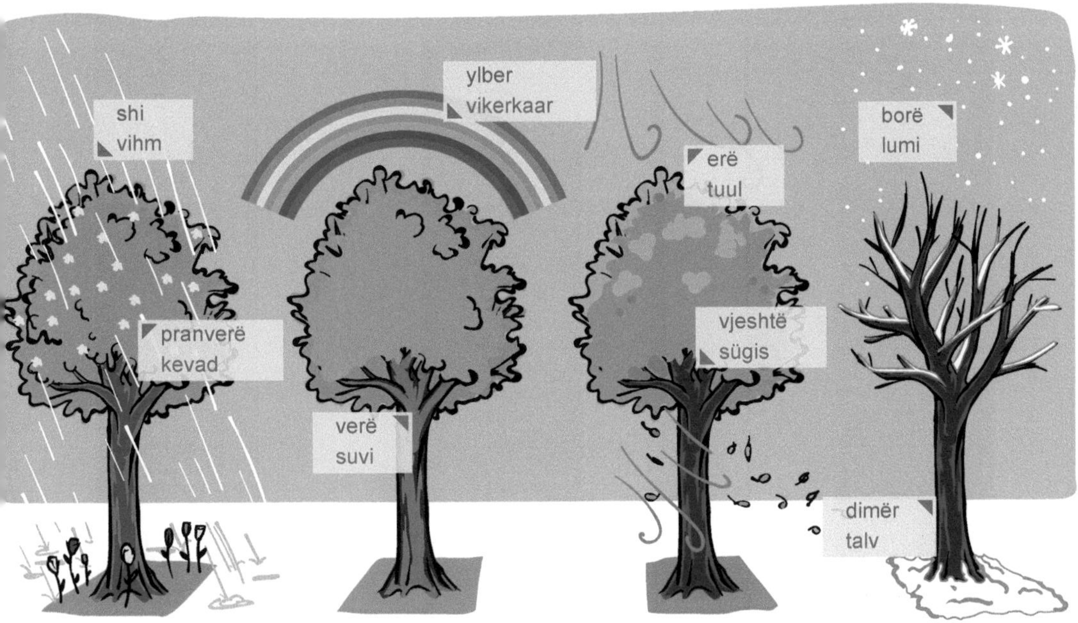

shi
vihm
ylber
vikerkaar
erë
tuul
borë
lumi
pranverë
kevad
verë
suvi
vjeshtë
sügis
dimër
talv

4.APRIL 11°
5.APRIL 4°
6.APRIL 13°
7.APRIL 8°
8.APRIL 10°

parashikimi i motit

ilmaennustus

F
C
120
90
60
30
0
-30
40
30
20
10
0
-10
-20

termometër

termomeeter

ndriçim dielli

päikesepaiste

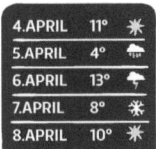

re

pilv

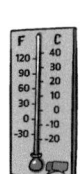

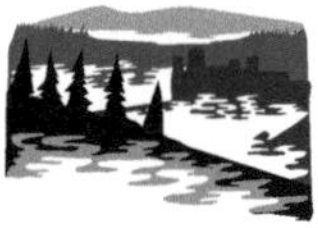

mjegull

udu

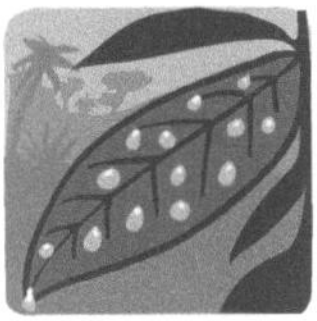

lagështi

niiskus

vetëtima

pikne

gjëmim

kõu

stuhi

torm

breshër

rahe

muson

mussoon

përmbytje

üleujutus

akull

jää

janar

jaanuar

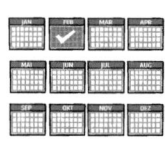

shkurt

veebruar

mars

märts

prill

aprill

maj

mai

qershor

juuni

korrik

juuli

gusht

august

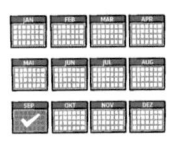

shtator
....
september

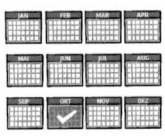

tetor
....
oktoober

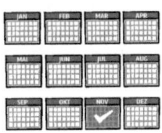

nëntor
....
november

dhjetor
....
detsember

forma
kujundid

rreth
....
ring

katror
....
ruut

drejtkëndësh
....
nelinurk

trekëndësh
....
kolmnurk

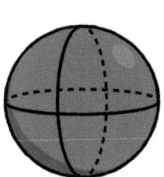

sferë
....
kera

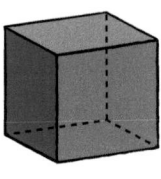

kub
....
kuup

e bardhë

valge

e verdhë

kollane

portokalli

oranž

rozë

roosa

e kuqe

punane

vjollcë

lilla

blu

sinine

e gjelbër

roheline

kafe

pruun

gri

hall

e zezë

must

shumë / pak

palju / vähe

i nevrikosur / i qetë

vihane / rahulik

i bukur / i shëmtuar

ilus / inetu

fillim / fund

algus / lõpp

i madh / i vogël

suur / väike

i ndritshëm / i errët

hele / tume

vëlla / motër

vend / õde

e pastër / e pistë

puhas / must

e plotë / jo e plotë

täielik / puudulik

ditë / natë

päev / öö

gjallë / vdekur

surnud / elus

i gjerë / i ngushtë

lai / kitsas

i ngrënshëm / i pangrënshëm

söödav / mittesöödav

i keq / i këndshëm
····················
kuri / sõbralik

i lumtur / i mërzitur
····················
põnevil / tüdinud

i shëndoshë / i dobët
····················
paks / peenike

e para / e fundit
····················
esimene / viimane

mik / armik
····················
sõber / vaenlane

plot / bosh
····················
täis / tühi

e fortë / e butë
····················
kõva / pehme

e rëndë / e lehtë
····················
raske / kerge

uri / etje
····················
nälg / janu

i sëmurë / i shëndetshëm
····················
haige / terve

e paligjshme / e ligjshme
····················
ebaseaduslik / seaduslik

i zgjuar / budalla
····················
tark / rumal

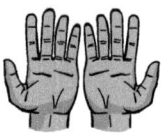

majtas / djathtas
····················
vasak / parem

afër / larg
····················
lähedal / kaugel

e re / e përdorur

uus / kasutatud

asgjë / diçka

mitte midagi / midagi

i moshuar / i ri

vana / noor

ndezur / fikur

sees / väljas

hapur / mbyllur

lahti / kinni

i qetë / i zhurmshëm

vaikne / vali

i pasur / i varfër

rikas / vaene

e drejtë / e gabuar

õige / vale

i ashpër / i butë

kare / sile

i mërzitur / i lumtur

kurb / rõõmus

i shkurtër / i gjatë

lühike / pikk

ngadalë / shpejt

aeglane / kiire

i lagësht / i thatë

märg / kuiv

ngrohtë / freskët

soe / jahe

luftë / paqe

sõda / rahu

0

zero

null

1

një

üks

2

dy

kaks

3

tre

kolm

4

katër

neli

5

pesë

viis

6

gjashtë

kuus

7

shtatë

seitse

8

tetë

kaheksa

9

nentë

üheksa

10

dhjetë

kümme

11

njëmbëdhjetë

üksteist

12

dymbëdhjetë

kaksteist

13

trembëdhjetë

kolmteist

14

katërmbëdhjetë

neliteist

15

pesëmbëdhjetë

viisteist

16

gjashtëmbëdhjetë

kuusteist

17

shtatëmbëdhjetë

seitseteist

18

tetëmbëdhjetë

kaheksateist

19

nentëmbëdhjetë

üheksateist

20

njëzetë

kakskümmend

100

qind

sada

1.000

mijë

tuhat

1.000.000

milion

miljon

anglisht

inglise

anglishte amerikane

Ameerika inglise

kinezisht mandarin

mandariini

hindi

hindi

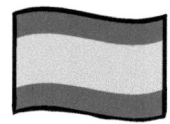

spanjisht

hispaania

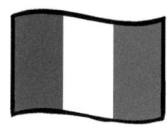

frëngjisht

prantsuse

arabisht

araabia

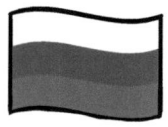

rusisht

vene

portugalisht

portugali

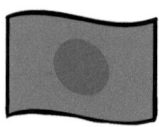

bengalisht

bengali

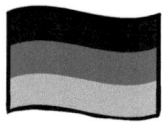

gjermanisht

saksa

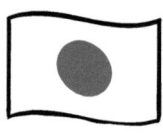

japonisht

jaapani

unë

mina

ti

sina

ai / ajo

tema

ne

meie

ju

teie

ata

nemad

kush?

kes?

çfarë?

mis?

si?

kuidas?

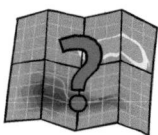

ku?

kus?

kur?

millal?

emër

nimi

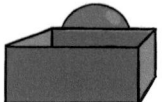

pas
....
taga

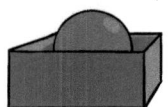

në
....
sees

përballë
....
ees

sipër
....
kohal

mbi
....
peal

poshtë
....
all

pranë
....
kõrval

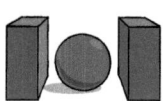

midis
....
vahel

vend
....
koht